LA
PUISSANCE CHINOISE

PAR

C. DE SAINT-PAUL

ORLÉANS

IMPRIMERIE PAUL GIRARDOT

VIS-A-VIS DU MUSÉE

—

1885

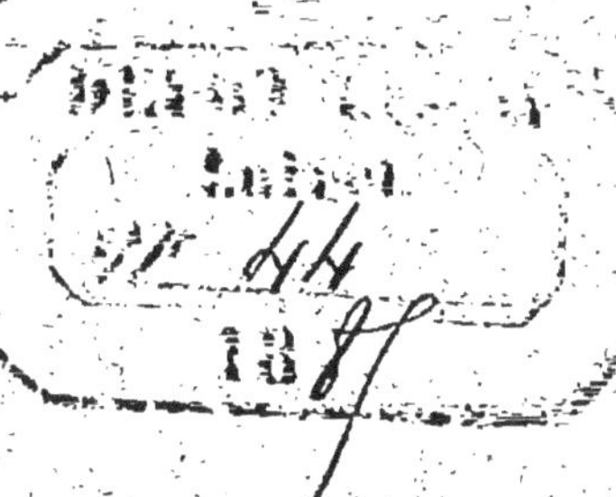

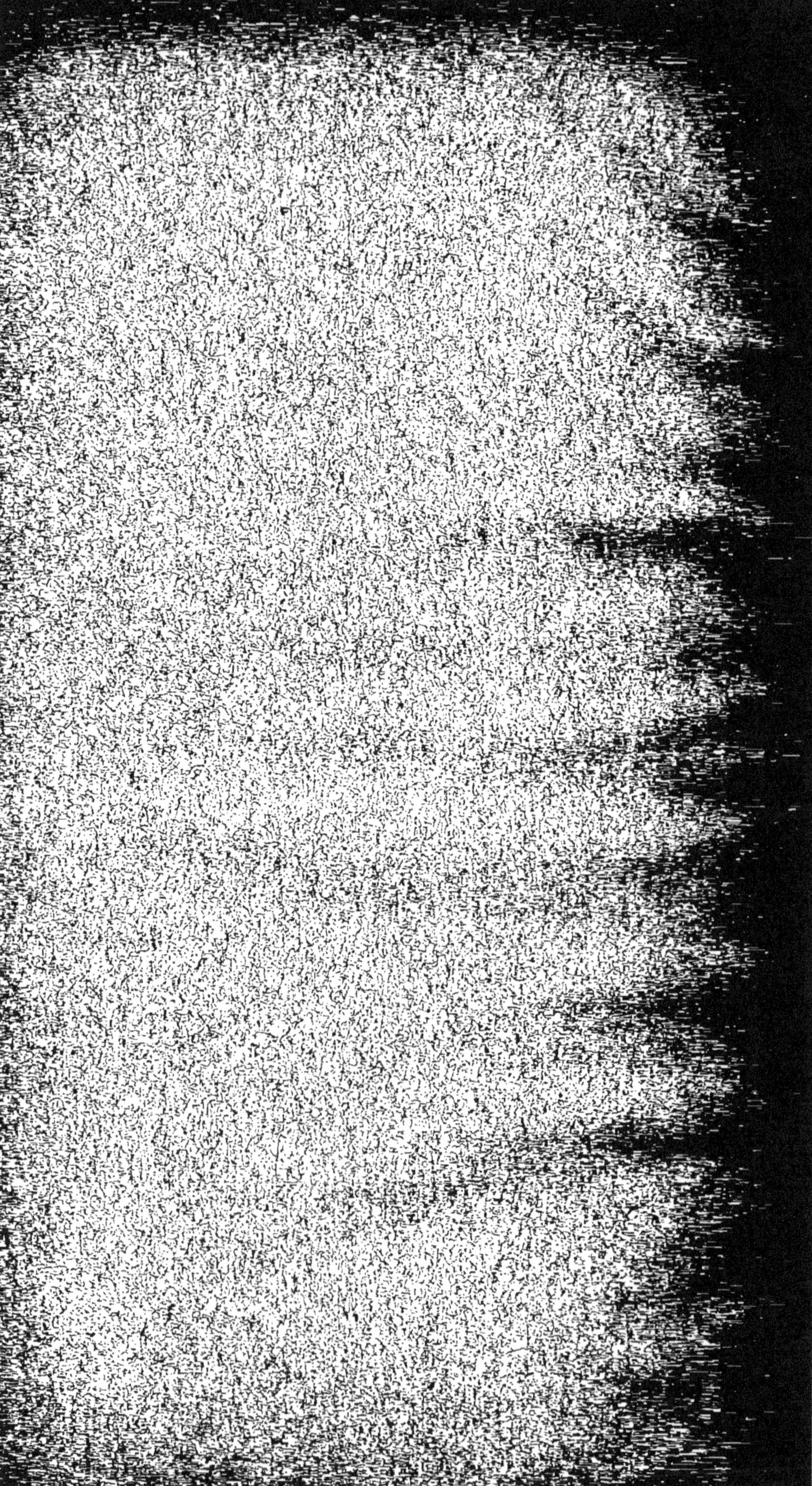

LA
PUISSANCE CHINOISE

PAR

C. DE SAINT-PAUL

ORLÉANS

IMPRIMERIE PAUL GIRARDOT

VIS-A-VIS DU MUSÉE

—

1885

Les tristes événements qui se sont produits au Tonkin pendant le cours de cette publication ont, hélas ! trop justifié les craintes que nous inspiraient la folle imprévoyance du gouvernement.

Mais en présence du deuil dans lequel est plongée notre patrie, nous ne pouvons plus éprouver qu'un seul sentiment — sentiment qui sera partagé, nous en sommes certains, par tous les Français, à quelque parti qu'ils appartiennent.

Celui d'une immense pitié et d'une admiration plus grande encore, pour nos héroïques soldats tombés glorieusement en défendant leur drapeau.

S. P.

LA

PUISSANCE CHINOISE

Le développement que prennent chaque jour les opérations militaires entreprises au Tonkin, — opérations qui, dans le principe, devaient avoir pour seul objectif le châtiment de quelques peuplades rebelles ; — les craintes menaçantes d'une guerre officiellement déclarée au plus vaste Empire du monde, nous ont fait penser qu'il ne serait peut-être pas sans intérêt pour nos lecteurs de rappeler ici l'origine de cette puissance, de sa grandeur militaire dans le passé, et les causes qui la firent se transformer de nation guerrière qu'elle était jadis, en gouvernement essentiellement civil et politique.

Le cadre modeste d'un article de journal

ne saurait comporter l'étude approfondie d'un sujet aussi important : telle ne saurait être notre prétention.

Nous nous bornerons donc à esquisser rapidement les principales phases de la vie militaire chinoise, en rectifiant, quand nous en trouverons l'occasion, les erreurs répandues dans le public par des récits aussi légèrement écrits que facilement acceptés. Ainsi, nous n'accepterons pas sans contrôle des assertions comme celle de ce journaliste qui, à la suite des combats livrés récemment autour de Lang-Son, racontait à ses lecteurs que le général de Négrier avait fait sauter une porte de la Grande Muraille... sans songer que cette grande muraille, construite 212 ans avant Jésus-Christ pour servir de barrière aux Chinois contre les invasions des Tartares, était à peu près aussi éloignée de nos vaillantes troupes que l'est Madrid de Saint-Pétersbourg.

L'étude du passé est un enseignement pour l'avenir : en voyant ce qu'a été jadis la Chine militaire, on pourra juger de ce qu'elle serait capable de devenir encore.

Les Chinois furent autrefois dans le monde asiatique ce qu'ont été les Romains dans l'antiquité : des conquérants intrépides et insatiables qui ne s'arrêtèrent de vaincre qu'après avoir soumis à leur domination et annexé à leurs possessions tous les peuples qui environnaient le territoire dans lequel ils s'étaient établis ; — territoire infiniment petit alors, à peine plus grand qu'un de nos départements, et qui devait être le berceau d'un empire de 400 millions d'habitants.

C'est à ce berceau de la patrie chinoise que fut donné le nom d'*Empire du Milieu*, nom que, par extension, on applique souvent aujourd'hui à toute l'immense agglomération de sujets qui forme l'empire chinois.

Les Chinois proprement dits ne sont pas les indigènes du sol qu'ils occupent aujourd'hui : mais ils sont venus en conquérants, on ne sait d'où, du nord, dit seulement la tradition, qui permet d'ouvrir beaucoup d'hypothèses.

Les temps historiques commencent pour eux 2 500 ans avant notre ère.

Ils étaient cent familles, qui se partagèrent les terres conquises — les Chinois se dénomment encore eux-mêmes *les Cent familles* ou le *Peuple aux cheveux noirs*, type primitif, qui s'est conservé chez eux jusqu'à nos jours (1), — et instituèrent un régime semblable à celui qui devait exister plus tard en France sous le nom de Féodalité.

Ce régime subsista jusqu'à l'avènement de *Tsin-Chi-Hoang-Ti*, l'un des grands feudataires de la féodalité chinoise, qui déposséda successivement tous ses pairs, réunit dans ses mains tous les pouvoirs et devint ainsi le premier empereur, en l'an 221 avant Jésus-Christ.

C'est de ce règne que date la fondation du Gouvernement chinois *tel qu'il existe encore aujourd'hui,*

(1) Il n'y a encore aujourd'hui en Chine que cent noms de familles ; 4 millions d'habitants portent le même nom, et les Chinois attachent un tel prix à éviter les mariages consanguins qu'il est expressément défendu par les lois à un jeune homme d'épouser une jeune fille portant le même nom que lui, même quand les liens de parenté sont tellement éloignés que l'on ne peut pas les établir.

Les mœurs politiques de ce peuple, semblent, on le voit, bien différentes des nôtres — que l'on nous pardonne cette réflexion.

Le premier soin de Tsin-Chi-Hoang-Ti, en arrivant au pouvoir, fut de faire table rase du passé ; tous les livres furent brûlés, les institutions anciennes abolies, la Féodalité abattue, et le principe gouvernemental établi sur des bases entièrement nouvelles.

Au régime fédératif qui existait sous la vieille monarchie chinoise, succéda une forte et énergique centralisation. Pour éviter le retour de puissances rivales et jalouses du pouvoir suprême, des grandes *Satrapies* provinciales dont la première dynastie chinoise avait eu à souffrir, l'Empereur abolit *l'aristocratie titulaire investie des privilèges personnels civils et militaires.*

Les titres devinrent purement honorifiques.

Toutes actions judiciaires ou législatives furent exclusivement réservées au pouvoir central — au chef de l'Etat.

Toutes les civilisations ont commencé de même, et à travers les vicissitudes de la lutte pour l'existence, ont tendu au même but — l'autonomie — l'Unité de Gouvernement, — l'Indépendance de la Patrie.

La première période de la vie d'un peuple, c'est la migration de masses pauvres vers des pays plus fertiles ; c'est la conquête !

A celle-ci succède aussitôt le besoin de s'organiser en nation, de se créer des moyens de protection contre les envahissements des peuples voisins ; un système pour gouverner les populations assimilées.

Chacun des grands chefs militaires se taille un petit royaume dans le pays qu'il a aidé à conquérir. — C'est la Féodalité. — C'est une fédération sous la présidence souvent plus honorifique que réelle d'un roi ou d'un empereur.

Telle fut la France au XIV⁰ siècle.

Telle était la Chine à l'avènement du monarque dont les descendants règnent encore sur elle à présent, et dont les institutions ont subsisté jusqu'à nos jours.

Le principe du gouvernement chinois est maintenant une *autorité* tempérée par la *responsabilité*.

L'Empire est divisé en 19 provinces.

Chacune de ces provinces est gouvernée par un vice-roi dont l'autorité est absolue dans son gouvernement *sous sa responsabilité vis-à-vis de l'empereur*.

Ce vice-roi a sous ses ordres des gouverneurs, des préfets et des sous-préfets hiérarchiquement responsables vis-à-vis de leurs supérieurs respectifs, mais le *vice-roi seul* est tenu responsable *par l'empereur* de tous les actes, *quels qu'ils soient*, commis dans l'étendue de son gouvernement.

Lui seul sera puni, et *souvent de mort*, s'il a trahi la confiance dont il avait été investi.

Combien de préfets en notre pays, enchantés de toucher de gros appointements pour faire figure dans nos départements, se trouveraient fort empêchés s'ils devaient payer de leurs têtes — comme cela se pratique en Chine — leurs erreurs administratives, ou les mécontentements de leurs administrés !

C'est seulement au XV° siècle de notre ère, 1800 ans après la création du gouvernement dont nous venons de définir les principales assises, que les Chinois se trouvèrent maîtres de tous les territoires qui avaient jusqu'alors servi de but à leur ambition.

Protégés par une immense armée aguerrie et disciplinée, pourvue de l'armement le plus perfectionné du monde, commandée par des chefs non-seulement intrépides mais savants, qui, bien avant nous, avaient connu l'usage de la poudre et fabriqué des canons, ils se crurent assurés de la tranquille possession de leurs conquêtes, et ne songèrent plus qu'à jouir d'une paix si laborieusement acquise.

Dès lors ce vaste empire offre l'exemple d'une admirable union. Le pouvoir suprême demeure immuable à travers les vicissitudes des siècles.

L'Empire Chinois compte 22 dynasties dont une de race mongole qui régna durant le XIIIe siècle et une autre de race mandchoue, actuellement régnante, et qui occupe le trône depuis l'an 1616. Cependant, en dépit de ces changements successifs, aucune de ces dynasties ne cherche à troubler même dans ses rouages les plus infimes, l'organisation assise une fois pour toutes deux cents ans avant J.-C.

Aux bruits des armes succédèrent bientôt les travaux de la paix ; l'élément militaire, condamné à l'inaction pendant plusieurs siècles, perdit sa prépondérance et l'administration du pays, exclusivement confiée, jusqu'alors, à des guerriers victorieux, passa peu à peu entre les mains des *lettrés*.

La gloire de découvrir le gouverneur *sérieusement civil* ne devait pas nous être réservée ; bien avant nous les Chinois l'avaient inventé.

Qui pourrait, dès lors, s'étonner qu'un peuple ainsi endormi plusieurs siècles dans la confiance de sa force et de sa supériorité, éloigné de toute nation belliqueuse, n'ayant avec l'Europe que fort peu de relations, désirant surtout en avoir moins encore, satisfait de son sort, maître d'un pays assez vaste et assez fertile pour suffire à tous ses besoins, ait pu être surpris et vaincu sans efforts à la première attaque ?

Entre les canons rayés des armées françaises et anglaises en 1861 et l'arbalète du XVᵉ siècle, il ne pouvait y avoir lutte — pas plus qu'il n'y en aurait entre les légions de César — ces légions invincibles telles qu'elles étaient armées alors — et nos bataillons d'aujourd'hui armés de fusils à tir rapide.

Mais la défaite des armées chinoises en 1861 doit-elle être pour nous le présage d'une victoire définitive dans la guerre que nous avons entreprise au Tonkin ?

Nous ne saurions l'espérer.

Si les Chinois ont négligé jusqu'à présent de perfectionner leur organisation militaire, si l'habitude et l'amour du métier des armes se sont endormis pendant une paix qui aura duré plus de trois siècles, ils ont néanmoins conservé leur ancienne valeur personnelle, leur patriotisme, et le mépris absolu du danger.

Nous n'en voulons pour preuve que l'admirable dévouement de la cavalerie tartare, qui protégea la retraite de l'armée à Palikao, et celui de la garde impériale se faisant tuer héroïquement pour laisser le temps aux habitants de Pékin d'évacuer la ville avant son envahissement.

Les troupes françaises et anglaises dans cette lutte contre des ennemis armés de piques et de flèches avaient perdu *un homme* et avaient eu *quelques blessés*.

L'armée chinoise en laissa *12,000* sur le champ de bataille.

Si les lecteurs qui ont bien voulu nous suivre jusqu'ici désirent se faire une idée des difficultés que nous rencontrerons dans l'entreprise aventureusement tentée par nos gouvernants, nous les prierons de jeter les yeux un instant sur la carte d'Asie.

L'empire chinois en absorbe la plus grande partie.

Son étendue est à peu près aussi considérable que celle de l'Europe et les dix-neuf provinces qui forment cette vaste confédération peuvent être assimilées comme importance aux différents états indépendants compris dans notre partie du monde.

De là une source de force et de faiblesse en même temps.

De force, parce que chacune des provinces ayant des intérêts distincts, une administration autonome, une armée indépendante et exclusivement consacrée à la défense de son propre territoire, les attaques dont elles peuvent être l'objet sont ressenties moins vivement dans le reste de l'empire — de même qu'une invasion des Maures, par exemple, se renouvelant en Europe, dans le Sud de l'Espagne, n'aurait que peu de retentissement à Berlin ou à Moscou, voire même à Paris.

Les causes qui produisent leurs forces sont également un élément de faiblesse.

Les coups portés aux extrémités du royaume se font peu sentir dans le centre, et les provinces limitrophes elles-mêmes n'en semblent pas atteintes ; pas plus — pour poursuivre notre comparaison — que la France ne se croirait menacée d'une invasion, si la Prusse était attaquée par la Russie.

La vie humaine compte pour peu de chose chez les races sémitiques, vouées par leur éducation au fatalisme ; il leur enseigne que leurs destinées sont inflexiblement inscrites dès leur naissance sur les tables de l'avenir et que rien ne les peut effacer.

D'autre part, l'exubérance de la population est si considérable qu'elle est forcée d'exporter son trop plein en Californie, à Panama, etc.

Comment s'étonner, dès lors, que la cour de Pékin reste pour ainsi dire insensible aux pertes sanglantes que nous lui infligeons et aux victoires éclatantes remportées par nos troupes dans l'Annam et dans les mers de Chine !

Plusieurs opinions autorisées se sont prononcées en faveur d'une expédition sur Pékin.

L'entreprise est-elle au-dessus de nos forces, et les avantages que nous en pourrions retirer compenseraient-ils les sacrifices qu'elle nous imposerait ?

« Quatre à cinq mille hommes composent la garde impériale », écrivait, en 1866, un ancien diplomate français (1).

(1) *L'Empire du Milieu*, par le marquis de Courcy. — Paris, octobre 1866.

Elle a bien changé depuis lors.

Instruit à l'école du malheur, le gouvernement chinois a chassé les illusions dont il se berçait, de rester toujours renfermé dans le cercle de sa race et de ses possessions.

Il a appris que le monde européen n'était plus tellement éloigné qu'il ne faille pas compter avec lui, que le progrès supprimait les distances, et que la civilisation a des exigences qui lui font un devoir de porter au loin ses idées et d'établir jusqu'à ses antipodes les comptoirs de son commerce et de son industrie.

Aussitôt après sa défaite de 1861, il se mettait résolument à l'œuvre, appelant même dans ses conseils l'expérience et l'autorité des officiers que les nations étrangères voulaient bien déléguer près de lui.

C'est ainsi que fut construit par un de nos plus savants officiers, le commandant Gickel, cet arsenal de Fou-Tcheou, auquel devait être réservé la fortune singulière de tomber sous les coups d'un compatriote, d'un frère d'armes de son fondateur !

Une armée régulière et disciplinée de

80,000 hommes, exercée aux manœuvres européennes, munie des armes les plus perfectionnées est maintenant cantonnée à quelques kilomètres de Pékin.

Elle est commandée par un chef auquel elle est absolument dévouée : Li-Hong-Chang.

Ce sont ces troupes, les meilleures de l'Empire, renforcées de la cavalerie tartare, avec lesquelles il nous faudrait compter aujourd'hui, si nous voulions renouveler dans le Petchili la campagne de 1861.

Le nombre d'hommes que nous y enverrions ne devrait pas être de 10 ou 12,000, comme alors, mais de 40,000 au moins. Nous ne parlons pas des centaines de millions qu'il faudrait y dépenser.

L'armée de Li-Hong-Chang, restera t-elle cantonnée dans le Petchili, uniquement destinée à protéger la capitale contre une invasion ?

C'est là une question de la dernière importance pour nous et qu'il est difficile de préjuger.

L'attitude gardée jusqu'à présent par le gouvernement chinois permet cependant de le supposer.

Li-Hong-Chang appartient à la race primitive chinoise, et malgré les preuves qu'il a données de son attachement à la dynastie tartare représentée par l'impératrice, peut-être hésiterait-on à lui confier le commandement de toutes les forces militaires de l'Empire.

Il est peu de gouvernements qui consentent à remettre une telle puissance entre les mains d'un homme. La France n'est pas la seule nation dans laquelle on puisse craindre — ou espérer — l'apparition d'un général X...

Il faut cependant nous tenir prêts à tout événement.

La *Gazette de Pékin* annonçait récemment la promulgation d'un décret impérial déclarant la guerre à la France pour dix ans et fixant les contingents à fournir pendant cette période pour chacune des dix-neuf provinces de l'Empire.

La Cour a même envisagé la question de

se retirer à l'intérieur, où elle résidait autrefois.

On ne trouverait plus alors personne pour traiter à Pékin.

Le sauvage héroïsme de Rostopchine à Moscou peut rencontrer des imitateurs.

Il est facile à l'Empire chinois de mettre sur pied un million d'hommes. Déjà les arsenaux d'Amérique ont reçu de nombreuses commandes en armes et en équipements perfectionnés de toutes sortes...

Une action prompte et énergique s'impose.

Un traité de paix *sérieux* et établi sur des bases durables doit la suivre de près.

Les souvenirs de la triste guerre du Mexique ne sont pas encore tellement effacés des mémoires de notre génération, que l'on ne se rappelle quels efforts et quels héroïsmes peut engendrer l'amour de la patrie et de l'indépendance.

L'expérience a ses douloureux enseignements ; c'est à elle qu'il faut demander des conseils.

www.ingramcontent.com/pod-product-compliance
Lightning Source LLC
Chambersburg PA
CBHW061727060726
47597CB00006B/2602